Copa do Mundo 2022, Construída sobre 6500 Crânios e Ódio?

Como o Qatar Subornou o Mundo do Futebol, Utiliza a Escravidão Moderna e Promove a Desigualdade

Edição 3.0

REBEL PRESS MEDIA

Isenção de responsabilidade

A FIFA nega as acusações

Gianni Infantino nega de forma notável que pelo menos 6.500 pessoas foram mortas na construção dos estádios da Copa do Mundo no Qatar, como foi relatado anteriormente ao Guardião por várias autoridades. De acordo com o presidente da FIFA, o número real de mortos é apenas três. "E ainda são três a mais", disse Infantino no Conselho da Europa em Estrasburgo, que havia convidado o presidente da FIFA.

O Guardião calculou em fevereiro de 2021 que pelo menos 6.500 pessoas foram mortas no Qatar durante o trabalho para a próxima Copa do Mundo. Estes eram trabalhadores migrantes que, por exemplo, estavam construindo os estádios, ou aeroportos que deveriam estar lá para o torneio. O número total de mortes foi relatado pela Índia, Paquistão, Nepal, Bangladesh e Sri Lanka; os cinco países asiáticos de onde vêm muitos trabalhadores migrantes. É provável que o número total de mortes seja muito maior porque muitos trabalhadores também vêm das Filipinas e do Quênia, por exemplo. Esses países não divulgaram números.

Portanto, estas são taxas de mortalidade relatadas pelos países de onde vêm os trabalhadores migrantes. Infantino, no entanto, parece culpar "a mídia". "Tenho que corrigir algumas coisas", disse o suíço em Estrasburgo. "Ainda posso aceitar isso de alguns meios de comunicação, mas também ouço hoje aqui que

6.500 pessoas morreram no Qatar. Isso simplesmente não é verdade. Os números reais são: três pessoas morreram. E isso ainda são três pessoas a mais". O Infantino não fornece qualquer fundamento para essa afirmação.

Infantino também contesta que os trabalhadores do Qatar tenham que trabalhar em condições deploráveis, como tem sido amplamente noticiado em vários meios de comunicação internacionais. "Com o trabalho, damos dignidade às pessoas", disse o chefe da FIFA. "As condições de trabalho são as mesmas que na Europa". O Infantino também causou um alvoroço um dia antes com declarações sobre os refugiados africanos.

Na reunião de Estrasburgo, o Infantino defendeu seu plano de realizar uma Copa do Mundo bienal. Ao fazer isso, o chefe da FIFA insinuou que sua idéia poderia garantir que menos migrantes africanos morreriam ao atravessar para a Europa. Infantino disse que "o futebol pode ajudar a melhorar a vida das pessoas em todo o mundo". "Precisamos dar esperança às pessoas com este tipo de projeto para que elas não queiram mais fugir", disse ele. Infantino retificou essas citações momentos depois, dizendo que estava falando em geral sobre planos que podem contribuir para o desenvolvimento do continente africano.

Tabela de Conteúdos

A história das acusações da FIFA

Catorze pessoas, nove das quais ligadas ao órgão dirigente do futebol mundial, a FIFA, foram indiciadas em maio de 2015 pelo Bureau Federal de Investigação (FBI) dos Estados Unidos por suspeita de suborno, extorsão e lavagem de dinheiro durante um período de vários anos. Sete funcionários da FIFA foram presos em 27 de maio no Hotel Baur au Lac, Zurique. Eles devem ser extraditados para os Estados Unidos por suspeita de receberem US$ 150.000.000 em subornos.

As prisões aconteceram por volta do 65º Congresso da FIFA, no qual um novo presidente para a organização do futebol seria eleito. Várias associações de futebol, particularmente as da Europa, exigiram a saída do presidente em exercício Sepp Blatter. Entretanto, Blatter não se retirou, derrotando seu candidato opositor Príncipe Ali nas eleições presidenciais com 133 dos 209 votos. Alguns dias depois, ele ainda anunciou sua saída, dizendo que não tinha o apoio de todo o mundo do futebol.

As prisões giram principalmente em torno de suspeitas de suborno, fraude e lavagem de dinheiro na atribuição de direitos de mídia e marketing para jogos da FIFA nas Américas e na Copa América Centenário de 2016 nos Estados Unidos. As alegações também se referem a suborno no patrocínio de vestuário de futebol, no processo de seleção do país-sede para a Copa do

Mundo de 2010 e nas eleições presidenciais da FIFA de 2011.

Chuck Blazer, ex-funcionário da CONCACAF, ajudou o FBI na investigação após sua confissão de culpa secreta em um julgamento de 2013.

Em 21 de dezembro, o comitê de ética da FIFA suspendeu Sepp Blatter e Michel Platini por oito anos por violar o código de ética. Blatter também será multado em 50.000 francos suíços e Platini deverá pagar 80.000 francos suíços. Ambos estão proibidos de todas as atividades relacionadas ao futebol a nível nacional e internacional.

Em maio de 2016, foi revelado que Sepp Blatter e dois outros ex-executivos da FIFA se enriqueceram com 72 milhões de euros. Eles são Jerome Valcke, ex-secretário geral da FIFA, e Markus Kattner, que foi diretor financeiro da federação mundial de futebol. Os três ex-executivos de topo da FIFA supostamente se deram a si mesmos e um ao outro grandes aumentos salariais anuais, atribuíram bônus da Copa do Mundo e dividiram outros bônus entre si. Segundo a FIFA, havia um modus operandi coordenado entre o trio, que anteriormente era obrigado a se demitir devido ao escândalo de suborno e corrupção na federação mundial de futebol. Todas essas sobretaxas financeiras não correspondiam aos números constantes dos registros oficiais.

A FIFA entregou os resultados da investigação interna ao Ministério Público na Suíça. A federação mundial de futebol também informará o Departamento de Justiça dos EUA. Ambas as agências estão investigando a má prática na FIFA.

Em meados de 2009, Jack Warner, antigo vice-presidente da FIFA, foi condenado por um juiz de Nova York a uma multa pesada de US$ 79 milhões. O caso havia sido trazido pela CONCACAF, a federação de futebol da América do Norte e Central e do Caribe onde Warner esteve no comando até sua suspensão em 2011. Warner foi acusada de desvio de fundos e corrupção e foi suspensa para o resto da vida pela federação mundial de futebol. Warner ainda está sob fiança em Trinidad e Tobago, mas os Estados Unidos têm um pedido de extradição pendente contra ele.

Um passado de escândalos?

A prisão de seis funcionários da FIFA marcou um enorme escândalo para a federação mundial de futebol. Nos últimos anos, a associação rolou de um incidente para outro.

O escândalo ISL: Entre 1992 e 2000, a empresa ISL pagou subornos a funcionários da FIFA, incluindo o então presidente brasileiro João Havelange. A empresa de marketing comprou direitos de transmissão de eventos importantes para milhões de pessoas e os revendeu. Os principais funcionários da FIFA embolsaram "somas substanciais de dinheiro", revelou uma investigação de 2013. O atual presidente Sepp Blatter saiu impune, mesmo que os investigadores se perguntassem em voz alta se ele não deveria saber sobre a corrupção.

Eleição 1998: A eleição presidencial pouco antes da Copa do Mundo na França não é isenta de suspeitas. Blatter derrota o sueco Lennart Johansson e se torna presidente. Antes das eleições, há rumores de que os delegados africanos foram subornados em um hotel em Paris. Blatter sempre descartou essa acusação.

As Copas do Mundo de 2018 e 2022: Os subornos foram pagos à FIFA pela Rússia e pelo Qatar, os organizadores das Copas de 2018 e 2022, para garantir esses torneios. Em 2010, ambos os países foram, de fato, premiados com a organização. Mais tarde, a FIFA investigou as muitas alegações de suborno, mas concluiu no ano passado que não houve violações grosseiras das regras. Este resultado também está sendo questionado.

Eleição 2011: Blatter encontrou um sério desafio na presidência da FIFA em 2011, na pessoa de Mohammed bin Hammam do Qatar. Bin Hammam se retirou das eleições, no entanto, porque foi acusado de suborno. Ele supostamente subornou funcionários caribenhos em sua busca pela presidência. Ao mesmo tempo, há alegações de que Bin Hammam transferiu dinheiro para funcionários para a organização da Copa do Mundo no Qatar. A federação do Catar nega isso.

Ingressos para a Copa do Mundo: Várias vezes os funcionários da FIFA entraram no mercado negro com ingressos para a Copa do Mundo, de acordo com alegações. O principal suspeito é Jack Warner, de Trinidad e Tobago, que foi nomeado em numerosos escândalos da FIFA. Ele supostamente revendeu ingressos em 2002 e 2006 e ganhou muito dinheiro com eles. Ismail Bhamjee, do Botswana, também supostamente revendeu ingressos em 2006. Em 2014, o filho do alto funcionário da FIFA argentino Julio Grondona supostamente revendeu os ingressos.

1973 - João Havelange no poder
João Havelange empunhou o ceptro como presidente da FIFA de 1973 a 1998. O agora brasileiro de 99 anos, mais ou menos mentor de Blatter, supostamente não chegou ao poder de forma muito limpa.

O jornalista de investigação alemão Thomas Kistner escreve em seu livro Máfia da FIFA que Havelange subornou membros africanos da diretoria para retirar o britânico Stanley Rous do trono como o chefe máximo da FIFA. Horst Dassler, o filho do fundador da Adidas, supostamente teve uma mão nisto. Dassler é conhecido como o fundador do comércio no esporte. A "estreita cooperação" entre a FIFA e a empresa de marketing ISL também pode ser creditada a Havelange e Dassler.

O especialista da FIFA Andrew Jennings também já acusou Havelange de corrupção. O brasileiro supostamente aceitava subornos gigantescos para contratos de marketing e TV.

1986 - ISL suborna altos funcionários da FIFA por direitos de transmissão
De fato, o próprio Dassler fundou a empresa de marketing ISL. A organização suíça pagou dezenas de milhões de euros em subornos a altos funcionários da FIFA para comprar os direitos de transmissão das Copas do Mundo, por exemplo.

Como resultado, o ex-presidente Havelange foi autorizado a creditar mais de um milhão de euros em subornos à sua conta bancária. Tudo isso foi revelado em um processo judicial, após o qual Havelange entregou sua presidência honorária da FIFA em 2013. Blatter ainda era secretário geral na época e negou qualquer envolvimento.

A propósito, a ISL não existe mais. A empresa entrou em falência em 2001 devido a dívidas que dispararam.

1992 - Marrocos tenta suborno para a Copa do Mundo de 1998.
A França foi agraciada com a Copa do Mundo de 1998, mas o rival Marrocos supostamente fez tentativas de suborno. Isto é de acordo com uma declaração do ex-membro da diretoria Chuck Blazer ao FBI. Não se sabe se a França também estabeleceu dinheiro para garantir o torneio.

1998 - "Blatter eleito com subornos
Em 1998, Blatter sucedeu seu mentor Havelange como presidente da FIFA. Ele derrotou o presidente sueco da UEFA, Lennart Johansson, mas essa batalha eleitoral não foi totalmente tranquila. Segundo consta, subornos foram distribuídos a executivos africanos para que votassem em Blatter.

Um africano até mesmo supostamente deixou seu envelope de dinheiro no hotel por engano. Blatter acenou com todas as acusações.

O embaixador da Copa do Mundo é homofóbico?

O ex-jogador de futebol do Catar Khalid Salman, embaixador para a Copa do Mundo que começa no dia 20 de novembro em seu país, fez comentários pouco simpáticos sobre a comunidade LGBTQ+ e as mulheres em um documentário alemão. Ele chamou a homossexualidade de "dano mental".
Além disso, LGBTQ+ pode vir para a Copa do Mundo em seu país, mas deve "aceitar as regras do Qatar", advertiu Salman. De acordo com ele, as mulheres ficam melhor em casa.

O embaixador do Qatar na Copa do Mundo fez as declarações em um documentário alemão ZDF.

Esse documentário será transmitido na terça-feira à noite.

"Durante a Copa do Mundo, muitas pessoas entram no país. Por exemplo, os gays", disse Salman. "O mais importante é que todos aceitem sua vinda aqui". Mas eles terão que aceitar nossas regras".

Salman tem um problema particular com crianças vendo gays porque eles aprenderiam algo que ele acredita não ser correto. Em sua opinião, a homossexualidade é haram e, portanto, proibida. "É uma doença mental", disse ele.

A entrevista terminou rapidamente após essa declaração do porta-voz do comitê organizador.

Grupos de interesse comunidade LGBTQ+ querem aviso de viagem

O governo alemão deve emitir um aviso de viagem, disse o LSVD na terça-feira. O LSVD é o maior grupo de interesse para a comunidade LGBTQ+ na Alemanha e comparável ao COC holandês.

Alfonso Pantisano, membro da diretoria do LSVD, chamou as declarações de Salman de "perturbadoras, mas sem surpresa". "Elas continuam a revelar a atitude homofóbica do regime no Qatar. Esperamos que o Ministério das Relações Exteriores alemão emita um claro aviso de viagem para todas as pessoas pertencentes à comunidade LGBTQ+".

O COC Holanda também reagiu à decisão. "Isto é, é claro, terrível". A organização salienta que muito mais é necessário do que o aviso de viagem já emitido pela Holanda. "Nosso governo, outros países, a FIFA, a KNVB e todos os outros envolvidos devem urgentemente chamar o Qatar para melhorar os direitos humanos das pessoas LGBTQ+".

O COC não se preocupa apenas com a possibilidade das pessoas LGBTQ+ viajarem com segurança para o Qatar, mas também com a situação da comunidade LGBTQ+ no próprio país. "O mesmo vale para abordar os direitos humanos das mulheres, dos trabalhadores migrantes e outros no estado do Golfo".

Prisões no Qatar

Autoridades do Serviço de Segurança Preventiva do Qatar prenderam arbitrariamente lésbicas, gays, bissexuais e transgêneros, a Human Rights Watch concluiu segunda-feira em uma investigação. As vítimas foram maltratadas e abusadas sexualmente na prisão.

A Human Rights Watch (HRW) documentou seis casos de agressão agravada e cinco casos de agressão sexual contra LGBTQ's sob custódia policial entre 2019 e 2022.

As vítimas foram alegadamente presas em locais públicos e seus telefones foram revistados. A homossexualidade é ilegal no Qatar.

A HRW entrevistou seis vítimas, algumas das quais dizem ter sido abusadas tão recentemente quanto em setembro de 2022.

Rasha Younes esteve envolvida nas entrevistas como pesquisadora de direitos LGBTQ na Human Rights Watch. "Enquanto o Qatar se prepara para sediar a Copa do Mundo, as forças de segurança estão detendo e maltratando LGBTQ's pelo que são", disse ela. "Eles aparentemente o fazem na confiança de que os abusos das forças de segurança permanecerão não relatados e não controlados".

A liberação de mulheres transgêneros exigia que elas fossem submetidas à terapia de conversão em um centro de "saúde comportamental" patrocinado pelo governo.

Foi negada assistência jurídica às vítimas
Todos os entrevistados disseram ter sido mantidos em uma prisão subterrânea na capital Doha. Aqui os prisioneiros foram abusados mentalmente, verbalmente e fisicamente. Foi negado às vítimas o acesso à assistência jurídica, à família e aos cuidados médicos. Todas as seis vítimas entrevistadas disseram que a polícia as obrigou a prometer "cessar as atividades imorais".

Uma das vítimas foi mantida em uma cela de isolamento por dois meses sem acesso a assistência jurídica. Nenhuma das seis prisões foi registrada, deixando os parentes sem saber o que havia acontecido com as vítimas.

Há muito tempo, tem havido críticas à controversa Copa do Mundo sediada no Qatar, pois o país tem estado sob fogo por violações dos direitos humanos durante anos. Segundo o The Guardian, milhares de trabalhadores foram mortos na construção dos estádios. Há uma semana, o Qatar foi designado o anfitrião da Copa da Ásia de 2023.

O Qatar força os trabalhadores migrantes a se mudarem?

O Qatar evacuou prédios de apartamentos na capital Doha antes da Copa do Mundo. Os milhares de trabalhadores estrangeiros que lá vivem estão sendo forçados a deixar seus apartamentos sem aviso prévio. Alguns agora têm que dormir em colchões nas ruas. O estado do Golfo quer abrigar torcedores de futebol nos edifícios.
De acordo com a agência de notícias Reuters, mais de uma dúzia de grandes edifícios de apartamentos estão envolvidos.

As autoridades não haviam anunciado o despejo com antecedência. Os moradores de um prédio no bairro de Al Mansoura, que os moradores disseram ser o lar de 1.200 pessoas, foram informados por volta das 20 horas (hora local) na quarta-feira que tinham que sair dentro de duas horas.

Por volta das 22h30min, eles foram literalmente expulsos de suas casas e as portas do prédio foram fechadas. Alguns dos homens, que ainda não estavam cientes da ação, nem haviam retornado a tempo de recolher seus pertences. "Não temos para onde ir", disse um homem à Reuters no dia seguinte.

Os trabalhadores migrantes devem dar lugar aos torcedores de futebol

Os trabalhadores migrantes que já vinham ganhando a vida no estado do Golfo há algum tempo também foram vítimas. Mohammed, um motorista de Bangladesh, disse que ele vivia no mesmo bairro há 14 anos quando o município lhe disse na quarta-feira que ele tinha 48 horas para deixar as instalações. Ele compartilhou isso com outras 38 pessoas.

Ele disse que os trabalhadores que construíram a infra-estrutura para o Qatar estão sendo colocados de lado à medida que o torneio se aproxima. "Quem fez os estádios? Quem fez as estradas? Quem fez tudo? Bengalis, Paquistão. Agora eles estão nos obrigando a todos a partir".

O Qatar anfitrião é controverso por vários motivos
O torneio, que começa em 20 de novembro, é altamente controverso devido às condições em que os trabalhadores, em sua maioria asiáticos e africanos, tiveram que trabalhar enquanto construíam os estádios e a infra-estrutura necessários. Diz-se que essas condições foram tão ruins que muitas pessoas foram feridas ou mortas.

Não só a construção dos estádios é controversa. Há também muitas críticas aos direitos humanos no país. Por exemplo, a homossexualidade é proibida, os LGBTQ parecem ser presos sem perdão e em muitos hotéis você só pode alugar um quarto com um parceiro se for casado. O Qatar também subornou o pessoal da FIFA para ser autorizado a sediar a Copa do Mundo.

Um porta-voz do governo do Qatar declarou no sábado que os despejos não tinham nada a ver com a Copa do Mundo. Diz-se que a abordagem do governo é parte dos planos de longo prazo em andamento para reformular partes de Doha. De acordo com o porta-voz, desde então todos receberam novas acomodações e pedidos de saída "foram realizados com a devida antecedência".

A Anistia Internacional está furiosa!

A Anistia Internacional reagiu furiosamente na sexta-feira à notável carta da FIFA assinada pelo Presidente Gianni Infantino. Na carta, a federação mundial de futebol conclamou todas as nações da Copa do Mundo a "se concentrarem inteiramente no futebol".

"Se Infantino quer que o mundo 'se concentre no futebol', há uma solução simples: A FIFA poderia começar a tratar por uma vez as graves violações dos direitos humanos, em vez de empurrá-las para debaixo do tapete", escreveu a organização de direitos humanos em uma declaração.

A declaração é uma resposta à carta da FIFA. Na carta, a federação mundial de futebol pede aos países participantes da Copa do Mundo que não se envolvam em "batalhas ideológicas e políticas que existem no mundo".

No período que antecedeu o início do torneio, um número crescente de países expressou críticas ao Qatar nas últimas semanas. O emirado é criticado principalmente por seu mau tratamento dos trabalhadores convidados e pela violação dos direitos humanos. Por exemplo, a homossexualidade é punível no emirado.

"Um primeiro passo seria a FIFA defender publicamente a criação de um fundo de compensação para

trabalhadores migrantes e garantir que os lhbtis não
sejam discriminados ou molestados", continuou a
Anistia na mensagem.

A Anistia acha que a FIFA deveria tomar providências
em seu lugar
De acordo com a Anistia, a FIFA deveria, ao contrário,
tomar medidas. De acordo com a organização de
direitos humanos, a associação deveria se comprometer
com o fundo de compensação, que o Qatar
recentemente renunciou. O ministro do emirado
anteriormente demitiu os pedidos de tal fundo como
"uma manobra publicitária" de outros países.

"Centenas de milhares de trabalhadores foram usados
para tornar este torneio possível e seus direitos não
podem ser esquecidos ou desvirtuados. É um
alucinante. Eles merecem justiça e compensação, não
promessas vazias, e o relógio está correndo", diz a
declaração.

"Queremos que estas questões sejam tratadas antes do
início da Copa do Mundo", relata a organização, que
está trabalhando com outros países europeus sobre
esta questão. "Queremos uma resposta convincente,
que a FIFA já nos prometeu várias vezes".

21

Ultimato para a FIFA

O grupo de trabalho europeu em conversações com a FIFA sobre direitos humanos fez um ultimato à federação mundial de futebol e quer que a federação faça uma declaração até o final de outubro sobre um fundo de compensação para trabalhadores migrantes que sofreram durante a construção de estádios para a Copa do Mundo no Qatar.

A FIFA prometeu anteriormente que seria limpo antes do verão, mas com a aproximação da Copa do Mundo, a associação permanece à margem do assunto.

Na quarta-feira passada, o grupo de trabalho e a federação mundial de futebol se sentaram ao redor da mesa. Mas isso ainda não teve o efeito desejado e por isso há agora uma demanda para se chegar a uma declaração em breve.

Quais serão as conseqüências se a FIFA retardar novamente, Gijs de Jong, secretário geral da KNVB, ainda não está dizendo. Ele faz parte daquele grupo de trabalho europeu sobre direitos humanos, que inclui as associações de futebol alemãs, inglesas e escandinavas.

"Estamos pelo menos indo nessa direção, mas consideraremos o que faremos se isso não for resolvido", disse De Jong. Quem acredita que a FIFA "não vai gostar muito do ultimato", mas ainda mantém a confiança de que a clareza virá em breve. "Estamos trabalhando nisso há um ano e meio". Estamos agora cinco semanas antes da Copa do Mundo". É hora de clareza agora".

No mês passado, a KNVB, através de um grupo de trabalho da UEFA, aumentou a pressão sobre a FIFA para conseguir um fundo de compensação para migrantes. Desde maio, a Anistia Internacional, a Human Rights Watch e os sindicatos vêm pedindo à FIFA que indenize os trabalhadores através de um fundo de compensação pelos danos sofridos. Eles estão pedindo 440 milhões de dólares. Vários grandes patrocinadores da Copa do Mundo também se juntaram a eles.

A FIFA ainda fala de três mortes
A FIFA respondeu em uma carta enviada ao grupo de trabalho da UEFA em 28 de setembro, que está nas mãos do NIS. Na carta, a FIFA escreveu que "a FIFA reconhece a importância da compensação aos trabalhadores migrantes no Qatar, e que os parentes mais próximos foram compensados pelos três trabalhadores mortos na construção dos estádios da Copa do Mundo".

Foi estimado por jornalistas de investigação e organizações de direitos humanos que milhares de pessoas foram mortas em obras de construção desde que a Copa do Mundo foi concedida ao Qatar. Ruud Bosgraaf, da Anistia Internacional, respondeu no início desta semana à declaração da FIFA de que três vítimas

23

estariam envolvidas. "Trata-se de muitas dezenas de milhares de trabalhadores que morreram, foram feridos ou nunca receberam o pagamento integral de seus salários".

Além de um fundo de compensação, a KNVB também quer que os chamados centros de migrantes sejam estabelecidos no Qatar. Esses centros devem se concentrar nos direitos dos trabalhadores migrantes, mesmo após a Copa do Mundo. As conversações sobre isso também estão em andamento. "Mas nós queremos compromissos", diz De Jong. Que estes ainda não estão presentes quando a Copa do Mundo começar em cinco semanas não é surpreendente, diz De Jong, "mas queremos que a FIFA fale claramente".

A história se repete?

Assédio e trabalho em condições climáticas extremas: exploração na construção dos estádios da Copa do Mundo da Rússia

Os trabalhadores que trabalham na Rússia para construir os estádios que sediarão a Copa do Mundo daqui a exatamente um ano estão sendo explorados e intimidados.

Em um relatório divulgado hoje, a Human Rights Watch descreve como trabalhadores de partes pobres da Rússia ou de países como Tajiquistão, Uzbequistão e Quirguistão, por exemplo, são regularmente negados contratos oficiais e às vezes não são pagos por meses de cada vez. Além disso, os trabalhadores trabalham por horas sem roupas apropriadas em condições extremas, com temperaturas de até 25 graus abaixo de zero.

Quando estas condições de trabalho são reclamadas, os trabalhadores são ameaçados ou enviados para casa. E quando os observadores da federação mundial de futebol Fifa inspecionam o canteiro de obras, os trabalhadores são forçados a permanecer em suas casas. A organização de direitos humanos realizou pesquisas em seis das 12 cidades que jogam. A HRW falou com 42 trabalhadores em Moscou, São Petersburgo, Kaliningrado, Rostov, Yekaterinburg e Sochi.

Assédio, demissão, detenção
O relatório ecoa as descobertas das organizações de direitos humanos pouco antes das Olimpíadas de Sochi 2014. Depois, também os trabalhadores foram intimidados, demitidos quando pediram esclarecimentos e mantidos em detenção forçada.

A HRW denunciou a posição da Fifa. Então a federação de futebol sabia o que poderia acontecer, diz a diretora da HRW Minky Worden. "Eles sabiam como as coisas são feitas na Rússia e têm a obrigação de prestar atenção a isso. Isso não foi feito".

Ela descreve São Petersburgo, onde o jogo de abertura da Copa das Confederações, o tradicional torneio de preparação um ano antes da Copa do Mundo, será disputado no sábado. Uma pesquisa da revista norueguesa Josimar descobriu que os norte-coreanos, entre outros, foram usados "como escravos" na construção civil. Os norte-coreanos também foram usados em obras de construção no estádio Mokouse Luzhniki em Moscou, uma reportagem do canal de televisão alemão ARD mostrada no mês passado.

As autoridades russas negam firmemente as alegações de violações dos direitos humanos. Os direitos humanos "são usados como arma em uma luta política", disse recentemente a porta-voz do Ministério das Relações Exteriores, Maria Zakharova.

Sistema melhorado

A Fifa teve o que diz ter sido um sistema melhorado para monitorar as violações dos direitos humanos durante um ano. Um relatório de progresso foi divulgado na quinta-feira. Em 2016 e 2017, foram feitas 59 visitas a estádios na Rússia. A cada trimestre é feita uma visita de dois dias a cada estádio, disse a Fifa.

A liga não escreve nada sobre os resultados dessas visitas, exceto sobre a situação em São Petersburgo. Recentemente, a Fifa não pôde negar que os trabalhadores norte-coreanos estavam de fato trabalhando em condições deploráveis. Em uma inspeção em março, eles não estavam mais presentes, disse o sindicato em uma declaração.

De acordo com o sindicato BWI, que trabalha com a Fifa, pelo menos 17 pessoas foram mortas na construção de estádios desde o ano passado até agora. Isso é menos do que no Qatar, que sediará a Copa do Mundo em 2022 e tem sido amplamente criticado pela situação dos trabalhadores, mas mais do que em Copas do Mundo anteriores.

Cerca de 17 trabalhadores morrem durante a construção dos estádios da Copa do Mundo na Rússia
A Rússia é desastrosa quando se trata de sediar um grande evento esportivo. Durante a construção dos estádios da Copa do Mundo, após as impressionantes 70 mortes em Sotchi, 17 trabalhadores morreram desta vez.

Isso vem de um relatório da Human Rights Watch distribuído na quarta-feira. Com um ano pela frente antes do início da Copa do Mundo, as atenções já estão voltadas para os direitos humanos na Rússia. Por exemplo, a Human Rights Watch sai com um relatório mordaz sobre a construção de seis estádios da Copa do Mundo, com trabalhadores trabalhando neles tendo que esperar meses por seus salários ou até mesmo às vezes não sendo pagos em absoluto.

Alguns trabalhadores tiveram mesmo que continuar trabalhando em temperaturas tão baixas quanto -25 graus Celsius sem muita proteção. "Isto deveria ser um despertar", disse Ambet Yuson, grande chefe de uma organização de trabalhadores da construção civil, ao New York Times.

"Eles já têm a experiência da Sotchi e precisam aprender com isso. Se você olhar para Sotchi, você pode ver que a maioria dos acidentes aconteceu no final da construção. Eles já devem saber mais".

Máfia da FIFA
"A promessa da FIFA de tornar os direitos humanos importantes está sendo posta à prova na Rússia. E a FIFA não está cumprindo a promessa", disse Jane Buchanan, diretora da Human Rights Watch na Europa e na Ásia Central.

A organização mundial de futebol disse que as acusações não são verdadeiras. A FIFA diz que faz "mais esforços do que qualquer outra organização esportiva" para proteger os direitos humanos e dos trabalhadores.

Os escândalos da África do Sul e do Brasil?

O jornalista sul-africano Craig Tanner pinta um quadro desconcertante das conseqüências da Copa do Mundo na África do Sul e no Brasil.

De acordo com a FIFA, é uma grande festa para todos. Mas com os recentes escândalos de suborno e prisões de funcionários da FIFA, um mundo sombrio de conflitos de interesse e auto-enriquecimento está surgindo. Por trás dos sucessivos escândalos de corrupção da FIFA estão muitos mais problemas. A FIFA se transforma em uma das maiores empresas e lucra durante as Copas do Mundo.

Enquanto os países organizadores são forçados a investir muito dinheiro em instalações para os torcedores de futebol. Em troca, a FIFA promete aos países um crescimento do turismo e das economias locais. Mas, de acordo com a população, eles estão pagando um preço muito alto demais pelo festival de futebol.

É um clube sedento de sangue que entra por um tempo, faz grandes promessas e depois sai para sugar sangue em outro lugar", diz o professor de sociologia A. Desai da Universidade Sul Africana de Johanesburgo sobre a FIFA.

Romàrio de Souza Faria, o artilheiro brasileiro e ex-jogador internacional que jogou pelo PSV, entre outros,

também não tem uma boa palavra a dizer sobre a
Federação Mundial de Futebol:

*A Copa do Mundo é para os estrangeiros, para os
ladrões que roubam nosso país". '*

Mais de 1.000 trabalhadores da construção civil morreram

Enquanto os promotores do FBI e da Suíça investigam o
suborno e a alocação da Copa do Mundo, os
preparativos para as próximas Copas do Mundo na
Rússia em 2018 e no Qatar em 2022 estão em
andamento. O Catar nega, mas de acordo com a
coalizão internacional de sindicatos de trabalhadores,
mais de mil trabalhadores da construção civil já
morreram devido a situações de trabalho inseguro.

Os preparativos para as Copas do Mundo anteriores no
Brasil em 2014 e na África do Sul em 2010 também
estão produzindo conseqüências drásticas.

Custos elevados

Romàrio é agora parlamentar no Brasil. Ao saber que o
Brasil poderá sediar a Copa do Mundo em 2014, ele fica
entusiasmado. Mas isso não dura muito: "Comecei a
acompanhar de perto o que estava acontecendo e me
chamou a atenção que estávamos gastando o dobro do
que pensávamos na construção dos estádios de
futebol". O aumento dos custos é um espinho ao lado
de muitos brasileiros.

Durante anos, o governo não investiu um centavo em serviços públicos importantes, como educação, moradia e assistência médica. As casas também estão sendo demolidas para construir infra-estrutura para turistas de futebol.

Milhões de pessoas estão tomando as ruas e tumultos violentos com a polícia e os militares estão se desenvolvendo. O professor visitante C. Gaffney, da Universidade do Rio de Janeiro: 'Então, em 2014, uma Copa do Mundo veio às custas de uma geração de estudantes que não encontram um médico no pronto-socorro'.

O Brasil subsidia os lucros da FIFA
De acordo com o governo brasileiro, o custo foi de fato dinheiro bem gasto e proporciona melhorias na infra-estrutura. Os opositores acham que as novas instalações, como os aeroportos, atendem principalmente os altos estratos da população.

Também proporciona benefícios econômicos, segundo o vice-prefeito N. Campeão de São Paulo: 'Tudo o que entra no Brasil através do turismo, por exemplo, são receitas para nosso país'. Mas de acordo com o professor visitante C. Gaffney, da Universidade do Rio de Janeiro, isso só custa dinheiro ao Brasil, enquanto traz à FIFA um faturamento histórico de mais de 4 bilhões de euros: ' A Copa do Mundo custou 7 bilhões de euros, dos quais 2 bilhões de euros para os estádios'. Assim, em um país com baixos custos de mão-de-obra, eles constroem estádios extremamente caros, mas não há dinheiro para a infra-estrutura essencial. Trata-se basicamente de um subsídio brasileiro para os lucros da FIFA".

Estádios inúteis
Os 12 estádios de última geração estão apenas chegando ao fim a tempo. O ritmo de trabalho é assassino e a construção e reforma leva a múltiplas fatalidades. Há avisos prévios de que pelo menos 4 estádios serão inúteis após a Copa do Mundo. Por um quarto de bilhão de euros, por exemplo, um estádio aparece no meio da remota Amazônia em uma cidade sem um clube de topo. O palácio de futebol é pouco utilizado. Há planos para transformá-lo em uma prisão.

Crianças de rua e vagabundos brutalmente removidos
Na África do Sul, também, as impressionantes estruturas para o festival de futebol 2010 estão agora em sua maioria vazias. O time holandês alcançou o segundo lugar lá. A euforia é grande. Mas mesmo na África do Sul, a história por trás dos bastidores é menos cor-de-rosa. De acordo com a Anistia Internacional, fora da vista dos turistas e da mídia, crianças de rua e vagabundos estão sendo brutalmente retirados das ruas.

Comentador político D. McKinley: "Acho que esta Copa do Mundo, como sempre, é tudo sobre aparências e imagens. Onde os estádios e o que o mundo vê na TV são mais importantes do que o que realmente acontece nos bastidores".

3 bilhões de euros em receitas
Até então, a Copa do Mundo na África do Sul é o torneio de futebol mais rentável de todos os tempos. Os direitos televisivos e as contribuições dos patrocinadores proporcionam à FIFA mais de 3 bilhões de euros em receitas.

Mas para a África do Sul, os custos estão ficando fora de controle, segundo o economista S. du Plessis: "A estimativa original era de que a infraestrutura do torneio custaria menos de 200 milhões de euros, mas o custo real estará mais próximo de 2 a 3 bilhões de euros".

É necessário um grande programa de construção e renovação para equipar 10 estádios que atendam aos requisitos da FIFA. O governo sul-africano está pagando 1 bilhão de euros. Haverá 5 novos estádios de futebol. Também em cidades onde já existem grandes estádios. Agora, mais de cinco anos depois, os custos de manutenção de alguns estádios não utilizados ainda estão funcionando a 300.000 euros por mês.

Capitalismo extremista
A Associação de Futebol espelhou um futuro brilhante para a África do Sul com seu alto comparecimento, empregos adicionais e melhorias na infraestrutura. Mas, de acordo com o professor de sociologia da

Universidade de Johannesburgo A. Desai, a Copa do Mundo é uma forma de capitalismo extremo: "A tesouraria foi saqueada por um momento histórico. As favelas permanecem e os empregos não. Está jogando dinheiro pelo cano abaixo'.

Brasileiros furiosos atacam veículos da FIFA
Durante protestos na cidade brasileira de Salvador, os manifestantes atacaram e danificaram os veículos da FIFA. Os funcionários da FIFA naquela cidade também deixariam de usar roupas da FIFA reconhecíveis para evitar novos incidentes.

Na quarta-feira, a partida Uruguai-Nigéria foi na cidade como parte da Copa das Confederações. A continuação do torneio no Brasil está em sério perigo devido aos contínuos protestos em todo o país. Vários meios de comunicação na nação sul-americana estão especulando sobre a suspensão do evento que serve como ensaio geral para a Copa do Mundo de 2014 no mesmo país-sede.

Estádios caros
Cerca de 1 milhão de brasileiros saíram às ruas pelo país em protesto contra a má administração financeira e social do governo, entre outras coisas. Os manifestantes estão especialmente zangados com a construção de estádios extremamente caros, enquanto aos seus olhos nada está sendo feito contra a pobreza no país. As manifestações de massa entraram agora em sua segunda semana e parecem estar aumentando.

De acordo com alguns relatórios, a FIFA já fez um apelo
urgente aos países participantes para que terminem o
torneio como planejado. Para uma equipe, diz-se que os
jogadores já pressionaram a administração da equipe a
voltar para casa devido a dúvidas crescentes sobre a
segurança, inclusive com relação aos membros da
família que vivem no Brasil.

A moralidade da hipocrisia?

A Rússia pode não ser autorizada a participar das barragens da Copa do Mundo no final de março, no Qatar. A Rússia estava programada para jogar contra a Polônia no dia 24 de março; o vencedor desse jogo enfrentaria a Suécia ou a República Tcheca no dia 29 de março na batalha por um bilhete para a Copa do Mundo de 2022 no Qatar.

Isso envolveria uma suspensão total das equipes russas, o que as impediria de participar de torneios internacionais. Para este fim, a FIFA está trabalhando em estreita colaboração com a Confederação Européia de Futebol UEFA, que também está trabalhando em outras sanções. Com o Spartak Moscou, há mais um time russo no palco europeu nesta temporada, na oitava final da Liga Europa contra o RB Leipzig. Por sua vez, a equipe feminina russa será lançada para o campeonato europeu do próximo verão na Grã-Bretanha.

A Federação Mundial de Futebol já anunciou um pacote inicial de sanções no domingo à noite, mas não foi suficientemente abrangente para muitos países. "Nenhuma competição internacional pode mais ser terminada em território russo, os jogos em casa devem ser disputados em terreno neutro e sem espectadores", soou um anúncio da FIFA.

"Além disso, o Estado membro que representa a Rússia o fará sob o nome RFU (Russian Football Union, ed.) e não mais sob o nome 'Rússia'. Nos jogos internacionais da seleção nacional, as bandeiras e o hino nacional são proibidos", disse a FIFA.

"A FIFA ainda está mantendo conversações com a UEFA e o COI, entre outras, sobre possíveis medidas adicionais, como a exclusão de todas as competições, se nenhuma melhoria da situação atual for perceptível no futuro próximo".

Portanto, embora a Federação Mundial de Futebol tenha ameaçado uma exclusão total, ainda não chegou oficialmente a esse ponto. Polônia, Suécia e República Tcheca, entretanto, haviam indicado anteriormente que não queriam jogar contra a Rússia nas barragens da Copa do Mundo. Na segunda-feira, a eles se juntaram vários países. Inglaterra, Dinamarca, Irlanda, País de Gales, Escócia, Suíça, Albânia e Noruega, entre outros, anunciaram que não queriam mais jogar contra a Rússia. A Real Associação Belga de Futebol KBVB, por sua vez, apoiou a recusa da Polônia, Suécia e República Tcheca de jogar contra a Rússia nas eliminatórias para a Copa do Mundo no final de março. Por enquanto, a Holanda não quer mais jogar contra a Rússia e Bielorússia.

Como isso aconteceu no Qatar?

As mortes durante as obras de construção da Copa do Mundo no Qatar estão no centro das críticas ao emirado do deserto.

Agora o órgão dirigente mundial FIFA confirmou os números oficiais: Acredita-se que três pessoas tenham morrido durante a construção do estádio. Durante muito tempo, o número de mais de 6.500 mortos circulou desde que a Copa do Mundo foi concedida em 2010. Como esta discrepância pode ocorrer?

De acordo com informações do comitê organizador, três pessoas morreram em acidentes em locais de construção de estádios no Qatar do país anfitrião durante o horário de trabalho nos últimos anos.

Isto foi confirmado pela federação mundial de futebol Fifa antes do início do torneio para a Deutsche Presse-Agentur.

Outras 37 mortes teriam ocorrido sem nenhuma conexão direta com as obras de construção ("mortes não relacionadas ao trabalho").

No debate público, houve uma longa conversa sobre 6500 mortes desde que a Copa do Mundo foi concedida. Este número vem de uma reportagem no jornal diário inglês "The Guardian". A verdade não está

em nenhum dos extremos: os números são muito
baixos em um caso e muito altos no outro.

Sob que circunstâncias surgiu a figura do "Guardião"?

O número de mortes diretamente relacionadas com a
Copa do Mundo é muito alto. Em um artigo de fevereiro
passado, o jornal escreveu que "mais de 6500
trabalhadores migrantes morreram no Qatar desde que
a Copa do Mundo foi concedida".

O número captura dados oficiais da Índia, Bangladesh,
Nepal, Sri Lanka (um total de 5927 mortes) e Paquistão
(824 mortes) de 2011 a 2020. (Trabalho) não são
especificados o local e a causa das mortes.

A reportagem do jornal inglês aponta, então, que houve
37 mortes durante a construção das arenas, das quais
34 são chamadas de mortes não relacionadas ao
trabalho, sem conexão direta com o trabalho.

O "Guardião" reproduz os dados do Comitê Supremo de
Entrega e Legado (abreviação: SC), que planeja e é
responsável pela Copa do Mundo no deserto emirado
análogo a um comitê organizador.

**Quantas mortes ocorreram, até agora, de acordo com
os dados oficiais do comitê organizador?**
Além das 37 mortes durante a construção dos estádios
mencionadas no Guardian, outras três ocorreram em

2021. Cada um desses casos é considerado como "mortes não relacionadas ao trabalho".

O total oficial assim subiu para 40 no ano anterior, dos quais 37 foram "Mortes não relacionadas ao trabalho" e três foram mortes diretamente relacionadas à construção de estádios. Em outras palavras, não há dúvida de que os mais de 6500 trabalhadores convidados do relatório "Guardian" morreram no Qatar entre 2011 e 2020. No entanto, este número inclui áreas não tocadas pela hospedagem da Copa do Mundo (tais como empregados domésticos ou de hotel).

No entanto, o número de 40 mortes oficialmente dado pelo comitê organizador é muito pequeno: não inclui os trabalhadores migrantes que morreram durante a construção de estradas e edifícios ou outros projetos de infraestrutura que foram inquestionavelmente implementados por causa da Copa do Mundo.

Foi assim que Nicholas McGeehan o colocou no "Guardião" na época. Com sua organização Fair Square, ele faz campanha pelos direitos trabalhistas na região do Golfo. disse McGeehan: "Uma proporção muito grande dos trabalhadores convidados que morreram desde 2011 só estiveram no país porque o Qatar ganhou a candidatura para sediar a Copa do Mundo".

Em outras palavras, sem a Copa do Mundo, muitos projetos não teriam acontecido, mesmo que não

estivessem diretamente relacionados com a realização
do torneio, tais como a construção de um estádio.

**40 e três: como o comitê organizador da Copa do
Mundo apresenta suas estatísticas?**
Entre 6500 ("Guardian") e 40 (dados oficiais) existe uma
discrepância extremamente grande - e ainda mais, se
assumirmos apenas as três mortes mencionadas, que
segundo o SC estão diretamente ligadas à construção
dos estádios da Copa do Mundo.

Nenhuma informação mais detalhada pode ser
encontrada sobre estes três trabalhadores mortos.

Mas: Um olhar sobre as publicações do comitê
organizador esclarece como o organizador interpreta se
a morte está diretamente relacionada ao trabalho ou
não. Por exemplo, diz: "Em 29 de junho, um índio de 38
anos que trabalhava como carpinteiro no Estádio Lusail
foi transportado ao hospital durante o intervalo com
tonturas (...) e dores no peito (...), onde mais tarde
sofreu uma parada cardíaca e morreu". Esta é uma das
três mortes em 2021 que SC conta como "Mortes não
relacionadas ao trabalho".

Um segundo homem, um índio de 21 anos, morreu no
hospital em meados de agosto, depois de ser
encontrado sem reagir em seu quarto. Causa oficial da
morte: falência de múltiplos órgãos e parada cardíaca.
No início de outubro, um paquistanês de 47 anos de

idade saiu de uma escavadeira porque "não se sentia bem", de acordo com o documento SC.

Ele caiu ao lado de seu equipamento de trabalho e não pôde ser ressuscitado. Causa oficial de morte: insuficiência cardíaca aguda devido a causas naturais. Dificilmente se pode negar a proximidade da atividade no canteiro de obras, mas o SC as declara como "Mortes não relacionadas ao trabalho".

Na metade das 34 outras mortes que se diz não estarem diretamente relacionadas ao trabalho, a causa da morte nem sequer foi investigada; na outra metade, a parada cardíaca é freqüentemente documentada - embora não seja provável que seja a causa, mas simplesmente a determinação do fim da vida.

O que dizem os responsáveis pelo comitê organizador da Copa do Mundo?
Mahmoud Qutub é o homem responsável pela salvaguarda dos direitos daqueles que trabalham ou trabalharam em canteiros de obras da Copa do Mundo. Ele atua como diretor executivo do SC para os direitos trabalhistas. Qutub estudou em Washington, D.C., e mais tarde obteve um mestrado em Administração de Empresas em Durham, Carolina do Norte.

Falando em perfeito inglês aos representantes da mídia, na qual a RND participou, ele explica que as causas de morte dos trabalhadores falecidos são analisadas de

43

acordo com os procedimentos estabelecidos ("Incident Investigation Procedure").

Ele diz: "Em alguns casos, os membros da família não queriam que fosse realizada uma autópsia". Segundo o relatório, as causas de morte não foram determinadas em cerca da metade das "mortes não relacionadas ao trabalho".

Qutub também enfatizou que havia uma distinção compreensível entre as mortes, de acordo com o fato de estarem direta ou indiretamente relacionadas com as obras de construção.

Qatar emir Tamim Al Thani fala de "campanha sem precedentes".
Cerca de quatro semanas antes do início da Copa do Mundo, o governante do Qatar reclamou mais uma vez do nível de críticas feitas ao seu país no período que antecedeu o torneio. "Desde que tivemos a honra de sediar a Copa do Mundo, o Qatar foi submetido a uma campanha sem precedentes que nenhum país-sede jamais experimentou", disse Emir Tamim Bin Hamad Al Thani na terça-feira na capital Doha.

Pouco menos de um mês antes do início da Copa do Mundo no Qatar, a FIFA informa um total de três mortes em locais de construção de estádios. As outras 37 mortes não estão diretamente relacionadas com a obra. Esta estatística difere muito do número de mortes relatadas na mídia britânica.

44

De acordo com informações do comitê organizador, três pessoas morreram em acidentes em locais de construção de estádios no Qatar, país anfitrião da Copa do Mundo, durante o horário de trabalho nos últimos anos. A FIFA confirmou isso um bom mês antes do início do torneio (20 de novembro a 18 de dezembro), em resposta a um inquérito da Deutsche Presse-Agentur. Dizia que 37 outras mortes haviam sido registradas, estes trabalhadores não haviam morrido enquanto trabalhavam em canteiros de obras. A comissão organizadora, portanto, classifica estes casos como "mortes não relacionadas ao trabalho" - mortes que não estavam diretamente relacionadas ao trabalho.

As reportagens da mídia britânica haviam escrito sobre milhares de trabalhadores mortos em ressacas ao longo dos anos desde que a Copa do Mundo foi concedida em dezembro de 2010. O emirado critica este relato por não conseguir diferenciar entre as mortes e aponta para numerosas reformas. Estas, por sua vez, têm sido criticadas por organizações de direitos humanos. A Anistia Internacional e a Human Rights Watch também estão pedindo a criação de um fundo de compensação, que a Associação Alemã de Futebol também apoia.

O Presidente da DFB Bernd Neuendorf viajará ao Qatar com a Ministra do Interior alemã Nancy Faeser (SPD) no final de outubro. "A viagem se concentrará nas questões de direitos humanos que serão discutidas em torno do torneio, tais como a proteção das pessoas queer contra discriminação e perseguição, bem como a responsabilidade pelos trabalhadores migrantes que construíram os estádios da Copa do Mundo", disse uma porta-voz do Ministro Federal do Interior.

Antes da Copa do Mundo no Qatar, continua a haver fortes críticas ao anfitrião. Em particular, as violações dos direitos humanos no país são um ponto de crítica freqüente. A Anistia Internacional, uma organização que defende os direitos humanos, protestou em frente ao Portão de Brandenburgo no domingo e exigiu uma compensação da FIFA.

Com uma ação artística no Portão de Brandenburgo, a Anistia Internacional chamou a atenção para as violações dos direitos humanos no Qatar pouco menos de um mês antes do início da Copa do Mundo. Ao mesmo tempo, a organização convocou a FIFA, o órgão governante mundial, a assumir a responsabilidade e a trabalhar para a compensação. Os participantes do protesto estenderam um varal e penduraram nele camisetas com termos como censura à imprensa, trabalho forçado, discriminação, proibição sindical e arbitrariedade judicial. O Qatar está sediando a Copa do Mundo de 20 de novembro a 18 de dezembro.

O emirado rico tem sido repetidamente criticado por violações sistemáticas dos direitos humanos e pela exploração de migrantes. De acordo com a Anistia, cerca de dois milhões de trabalhadores migrantes vivem e trabalham no Qatar, e centenas de milhares deles estão envolvidos em projetos da Copa do Mundo. O governo rejeita as acusações e cita reformas em favor dos trabalhadores.

A Anistia quer que a FIFA defenda um mecanismo de compensação. Sob o slogan "Futebol sim. Exploração não", pagamentos de pelo menos 440 milhões de dólares americanos devem ser disponibilizados.

Escravos ou trabalhadores?

Discriminação, salários de fome, maus-tratos: Um novo relatório sobre as condições de trabalho nos locais de construção da Copa do Mundo no Qatar pinta um quadro assustador.

Londres. Uma organização de direitos humanos apresentou novas alegações detalhadas de exploração de trabalhadores nos estádios da Copa do Mundo no Qatar. Trabalhadores de países de baixos salários foram sujeitos a discriminação, não pagaram seus salários e foram maltratados e maltratados, de acordo com o relatório publicado na quinta-feira pela organização londrina Equidem.

Para o relatório de 75 páginas, a organização disse que falou a 60 trabalhadores durante um período de dois anos, todos desejando permanecer anônimos.

Seus relatos sugeriam que as reformas do mercado de trabalho adotadas pelo Qatar nos anos que antecederam a Copa do Mundo estavam sendo ignoradas em muitos casos na realidade.

Eles relataram ter que pagar taxas de colocação por emprego, deixando-os muito endividados antes mesmo de começarem. Longos dias de trabalho no calor escaldante estavam na ordem do dia, disseram eles, e os africanos e pessoas do sul da Ásia tinham que fazer o trabalho mais perigoso.

Protestos ou a formação de sindicatos eram proibidos.
Eles tinham medo de reclamar, pois, caso contrário,
poderiam ter perdido o emprego, informaram os
trabalhadores.

O Qatar fala de imprecisões e interpretações errôneas
A autora principal do relatório, Namrata Raju, disse que
os espectadores deveriam estar cientes de que os
estádios onde eles se encontram foram criados sob
condições que poderiam ser descritas, pelo menos em
parte, como trabalho forçado ou uma forma de
escravidão dos tempos modernos. A Anistia
Internacional e a Human Rights Watch documentaram
abusos semelhantes.

Perguntado sobre o relatório da Equidem, o escritório
de mídia do Qatar disse que 3700 inspeções haviam
sido realizadas e que as proteções trabalhistas haviam
sido aplicadas somente em outubro. O órgão
responsável por sediar a Copa do Mundo, o Comitê
Supremo para a Implementação e Legado do Torneio,
disse que o relatório da Equidem estava cheio de
imprecisões e interpretações errôneas. As reformas
desde 2014 melhoraram significativamente a situação
dos trabalhadores, disse ele.

Uma empresa de construção francesa foi oficialmente
investigada esta semana por possíveis abusos dos
direitos humanos em locais de construção da Copa do
Mundo no Qatar. As alegações envolvem trabalho

49

forçado, condições de vida e de trabalho desumanas e remuneração inadequada para os trabalhadores migrantes.

Investigações contra empresa francesa: Trabalho escravo moderno em canteiros de obras da Copa do Mundo?
Dentro de alguns dias, a Copa do Mundo começará no Qatar - e mais uma vez, relatos de condições de trabalho devastadoras nos locais de construção da Copa do Mundo estão fazendo manchetes. Foram iniciadas investigações oficiais contra uma empresa de construção francesa.

Hannover/Paris. Uma empresa de construção francesa foi oficialmente investigada por possíveis violações dos direitos humanos em locais de construção da Copa do Mundo no Qatar. As acusações envolvem trabalho forçado, condições de vida e de trabalho desumanas e pagamento insuficiente de trabalhadores migrantes, a organização de direitos humanos Sherpa anunciou na quarta-feira.

Uma porta-voz do Ministério Público em Nanterre, perto de Paris, confirmou à CNN na quinta-feira as investigações ordenadas por um juiz contra a Vinci Construction Grands Projets, uma subsidiária do grupo francês de construção Vinci.

Os funcionários do Sherpa disseram que viajaram ao Qatar já em 2014 para reunir provas de condições de trabalho supostamente inadequadas nos locais de construção da Copa do Mundo. Em sua declaração, a organização de direitos humanos cita o trabalho forçado durante o calor extremo acima de 45 graus e sem abastecimento de água, privação de passaporte e más condições de moradia com saneamento inadequado e sem ar condicionado, entre outras coisas.

A queixa, apresentada em 2019 e nomeando como testemunhas doze ex-trabalhadores da construção civil, foi acompanhada pela organização francesa de direitos humanos Comité contre l'Esclavage Moderne.

"As empresas não estão acima da lei. Esta acusação envia um forte sinal contra a impunidade das empresas multinacionais. Ela mostra que o uso de trabalho forçado em suas cadeias de valor pode ser processado", diz a diretora executiva do Sherpa, Sandra Cossart, na declaração.

Críticas às condições de trabalho nos locais de construção da Copa do Mundo durante anos
Um advogado da Vinci Construction Grands Projets negou as acusações à CNN e anunciou que contestaria a decisão do juiz de permitir investigações. Ele errou na falta de tempo para se preparar para a audiência desta semana e falou de provas insuficientes para sustentar as alegações.

Desde que a Copa do Mundo foi concedida ao Qatar (20 de novembro a 18 de dezembro), têm sido regularmente levantadas críticas sobre a situação dos direitos humanos no país e sobre a situação dos muitos trabalhadores de todo o mundo. O britânico "Guardian" relatou no início de 2021 cerca de 6500 trabalhadores mortos de cinco países asiáticos nas obras de construção do emirado nos últimos dez anos.

Na quinta-feira, uma organização de direitos humanos também apresentou novas e detalhadas denúncias de exploração de trabalhadores nos estádios da Copa do Mundo. Trabalhadores de países de baixos salários foram sujeitos a discriminação, não pagaram seus salários e foram maltratados e maltratados, disse o relatório da Equidem, uma organização sediada em Londres. Para o relatório de 75 páginas, a organização disse que falou a 60 trabalhadores durante um período de dois anos, todos desejando permanecer anônimos.

A FIFA deve assumir a responsabilidade?

Para compensar a exploração e a morte de trabalhadores migrantes nas obras da Copa do Mundo, as organizações de direitos humanos estão exigindo que o Qatar e a Fifa criem um fundo de compensação. Até agora, o emirado do deserto tem se recusado a fazer tal pagamento. A Human Rights Watch está fazendo uma exigência clara da Associação Mundial de Futebol.

Wenzel Michalski, diretor da Human Rights Watch na Alemanha, colocou o ônus na federação mundial de futebol de criar um fundo de indenização para as vítimas em locais de construção para a Copa do Mundo no Qatar. "A Fifa tem que entrar na brecha". Lá eles não podem simplesmente dizer: se o governo não participar, nós fugimos da responsabilidade", diz Michalski à RedaktionsNetzwerk Deutschland (RND).

Juntamente com a Anistia Internacional, a organização de direitos humanos está exigindo um pagamento de 440 milhões de euros. O emirado do deserto e a Fifa deveriam pagar pelos trabalhadores convidados que foram explorados em canteiros de obras da Copa do Mundo ou perderam suas vidas. A quantia é equivalente ao prêmio em dinheiro para as 32 seleções participantes da Copa do Mundo. "Não se trata apenas das mortes durante a construção do estádio, mas em geral durante a construção da infraestrutura para a Copa do Mundo", enfatiza Michalski.

O Ministro do Trabalho do Qatar, Ali bin Samich Al
Marri, havia recentemente chamado o pedido de um
fundo de indenização de um "golpe publicitário". Cada
morte é uma tragédia", reconheceu Al Marri, mas
enfatizou: "Não há critérios para estabelecer esses
fundos". Onde estão as vítimas? Você tem os nomes das
vítimas? Como você consegue estes números"? Da
Human Rights Watch, portanto, há mais uma vez uma
demanda clara na direção da Fifa, pouco antes do início
da Copa do Mundo. "Isto não é apenas uma obrigação
moral, mas uma obrigação legal". O empregador deve
pagar pelas famílias dos trabalhadores que morreram
ou que agora não podem trabalhar".

Oficialmente, três mortes em canteiros de obras da
Copa do Mundo
De acordo com dados oficiais do comitê organizador,
três mortes foram relatadas nos locais de construção
dos estádios. Além disso, fala-se de outras 37 mortes
que são chamadas de "não relacionadas ao trabalho", o
que significa que, de acordo com o organizador, elas
não estavam em cooperação direta com as obras de
construção. De acordo com uma reportagem do jornal
diário inglês "Guardian" do início do ano passado, mais
de 6.500 trabalhadores migrantes da Índia, Paquistão,
Nepal e Bangladesh já morreram desde que o torneio
foi premiado em 2010.

A Copa do Mundo em Doha, capital do Qatar, começa
no dia 20 de novembro, com a final no dia 18 de
dezembro. O emirado do deserto tem sido duramente

criticado não apenas pelo tratamento dado aos trabalhadores migrantes, mas também em relação aos direitos das mulheres e da comunidade LGBTQ+.

Segundo o presidente da DFB, Bernd Neuendorf, o órgão dirigente mundial FIFA também deve enfrentar sua responsabilidade pelos trabalhadores que sofreram acidentes durante a construção dos estádios da Copa do Mundo no Qatar. Esta é também uma responsabilidade que a DFB deve enfrentar, salientou Neuendorf em uma cerimônia de premiação realizada pela DFB na segunda-feira.

Segundo o presidente da DFB, Bernd Neuendorf, o órgão dirigente do futebol mundial, a FIFA deve enfrentar sua responsabilidade por aqueles trabalhadores que morreram ou ficaram feridos durante a construção dos estádios da Copa do Mundo no Qatar e que agora não podem alimentar suas famílias. Esta também é uma responsabilidade que a DFB deve enfrentar, disse Neuendorf na segunda-feira à noite na cerimônia de premiação Julius Hirsch da Federação Alemã de Futebol (DFB) em Dresden.

Ele também discutiu o assunto com o presidente da FIFA, Gianni Infantino, durante sua viagem ao Qatar. Ele disse que a premiação do torneio foi vista de forma muito crítica. "Acho que o torneio já mudou o esporte", disse Neuendorf. No futuro, disse ele, a premiação também terá que se basear em critérios de direitos humanos. Esse será um critério importante para a FIFA, disse ele. "Isso significa que o esporte se tornou mais político", explicou Neuendorf, falando de um bom desenvolvimento. O futebol deve levantar sua voz, disse ele. A Copa do Mundo no emirado começa no dia 20 de novembro e termina no dia 18 de dezembro.

Este ano, a DFB homenageou, entre outros, o clube da liga distrital SV Blau-Weiß Grana de Zeitz na Saxônia-Anhalt com o Prêmio Julius Hirsch. O clube havia acolhido muitos refugiados. Outros vencedores do prêmio incluem a rede de educação Lernort Stadion de Berlim e a rede Erinnerungsarbeit no contexto do Hamburger SV. O prêmio honorário foi para Burak Yilmaz, um educador e autor de Duisburg.

A DFB tem comemorado as vítimas judaicas do regime nazista com este prêmio a cada ano desde 2005. Indivíduos, clubes e instituições são homenageados por seu compromisso de combater o anti-semitismo e a discriminação. O prêmio leva o nome de Julius Hirsch. Ele foi um jogador nacional da DFB, participante olímpico e duas vezes campeão alemão. Ele foi assassinado em Auschwitz em 1943.

No chamado sistema kafala, os empregadores ("patrocinadores") exercem um grau excessivo de controle sobre os trabalhadores migrantes e seu status legal. Até recentemente, os trabalhadores migrantes só podiam mudar de emprego ou deixar o país com o consentimento de seus empregadores. Devido à extrema dependência de seus empregadores, os trabalhadores dificilmente podem se defender contra a exploração, abuso e maus-tratos. Eles estão completamente à mercê de seus patrocinadores.

Embora a regulamentação da kafala tenha sido abolida por lei no Qatar, ela continua a ser aplicada na prática e a abolição está sendo cada vez mais posta em questão novamente. O Qatar aboliu a exigência de uma permissão de saída e um Certificado de Não Protesto (NOC) para a maioria dos trabalhadores migrantes, permitindo-lhes, teoricamente, sair do país e mudar de emprego sem buscar o consentimento de seus patrocinadores. Mas, de fato, os empregadores ainda têm a capacidade de bloquear os trabalhadores de mudar de emprego e controlar seu status legal. A retenção de salários e benefícios também torna difícil para os trabalhadores deixarem o local de trabalho. Os trabalhadores migrantes continuam a depender de seus empregadores para entrar e permanecer no Qatar. Os empregadores ainda podem entrar com ações judiciais por "deixar o local de trabalho sem permissão" e cancelar autorizações de residência - práticas que são abusadas para controlar a força de trabalho.

Para os trabalhadores migrantes que são explorados, é difícil reivindicar seus direitos ou receber compensação. Eles não estão autorizados a aderir a sindicatos e, portanto, não podem lutar juntos por melhores condições de trabalho.

Devemos boicotar eventos esportivos em países com registros questionáveis de direitos humanos? Desde que a Copa do Mundo foi concedida ao Qatar há 10 anos, tem havido apelos para um boicote devido à situação precária dos direitos humanos. Torcedores, jogadores e clubes estão pedindo a retirada do apoio à Copa do Mundo no Qatar, expressando seu protesto contra a decisão da FIFA e a exploração dos migrantes. As preocupações com os direitos humanos são muito grandes, o sabor de um alegre festival de futebol em meio a uma injustiça muito amarga - as razões para boicotar um evento esportivo como a Copa do Mundo no Qatar são óbvias.

Ao mesmo tempo, grandes eventos esportivos como a Copa do Mundo também têm o potencial de tornar visíveis os abusos dos direitos humanos e de trazer melhorias. A Copa do Mundo da FIFA é um dos eventos esportivos mais assistidos do mundo. Em 2018, mais da metade da população mundial assistiu à Copa do Mundo. A Anistia Internacional tomou a decisão consciente de não boicotar a Copa do Mundo no Qatar, optando em vez disso por usar a atenção do mundo como uma oportunidade para uma mudança positiva. Queremos focalizar esta atenção naqueles que tornam este grande evento possível em primeiro lugar - os trabalhadores migrantes. Nosso papel como organização de direitos humanos é documentar a dramática situação dos trabalhadores migrantes em torno da Copa do Mundo, para aumentar a consciência global de seu sofrimento e para exercer pressão sobre os responsáveis para que haja uma mudança. Estamos usando o tempo que leva à Copa do Mundo para destacar a exploração dos trabalhadores migrantes, exigir reformas e melhorar sua situação.

Como resultado do relatório, o Qatar já deu passos importantes para melhor proteger os trabalhadores - passos importantes, mas obviamente apenas um primeiro começo. Com o aumento da pressão internacional nos últimos anos, o governo do Catar se comprometeu em 2017 a abolir o sistema kafala e iniciar outras reformas importantes. Desde então, de fato, foram feitos progressos importantes no Qatar, com a introdução de novas estruturas legais e iniciativas que melhoram a situação dos trabalhadores migrantes. Estas incluem uma lei que regulamenta o horário de trabalho dos trabalhadores domésticos, tribunais trabalhistas para facilitar o acesso à justiça, um fundo para pagar os salários não pagos e um salário mínimo. O Qatar também aboliu as leis que anteriormente exigiam que os trabalhadores migrantes obtivessem permissão de seus empregadores para mudar de emprego ou deixar o país. Dois importantes tratados de direitos humanos foram ratificados (embora sem reconhecer o direito de formar sindicatos). Se totalmente implementadas, estas reformas podem ajudar a eliminar os aspectos mais problemáticos do sistema kafala e permitir que os trabalhadores migrantes escapem de condições de trabalho exploradoras e abusivas e reclamem indenização.

Mas, desde então, também houve regressão e estagnação. Apesar dos processos de reforma que foram iniciados, a vida diária de muitos trabalhadores migrantes no Qatar continua dura e a exploração continua - em parte porque as reformas anunciadas ainda não foram efetivamente implementadas. Portanto, é hora de o Qatar finalmente cumprir estas promessas - e a FIFA também deve estar à altura de sua responsabilidade. Como organizadora da Copa do Mundo, a FIFA deve se manifestar publicamente e exigir que o governo do Catar implemente seu programa de reforma trabalhista antes da partida de abertura da Copa do Mundo. A Anistia Internacional não se cansará de lembrar publicamente a FIFA de suas responsabilidades.

O Qatar quer comprar reconhecimento?

O filme de Jochen Breyer "Secret Affair Qatar" levantou muita poeira mesmo antes de ser transmitido na noite de terça-feira. "Você acha que ser gay é um pecado?" perguntou Breyer de um dos embaixadores do Catar na Copa do Mundo, o ex-astro do futebol Khalid Salman. O único Qatar que ele pôde visitar no local - onde as relações com a mídia são estritamente controladas. "Sim, dano mental", respondeu o homem. O supervisor do Catar para a equipe de filmes ZDF de Breyer realmente queria parar a entrevista com antecedência. Nomeadamente, no momento em que a conversa se voltou aos convidados gays da Copa do Mundo, que "não são permitidos", de acordo com a lei do Catar.

"Khalid não é a melhor pessoa para comentar sobre a lei", o atendente do comitê organizador oficial da Copa do Mundo interrompe a entrevista. Chega de perguntas sobre isso! Mas Khalid Salman ainda não disse tudo o que é importante para ele. Ele continua a falar sobre como seria um problema se as crianças vissem gays. "Porque é um dano na mente", em alemão, aproximadamente: "Ser gay é um dano mental".

Em geral, Jochen Breyer traz insights surpreendentes do estado do deserto em seu documentário "Geheimsache Qatar": Também sobre a conexão da Bundesliga alemã com o Qatar e a associação dos melhores clubes europeus "European Club Association" em particular. De acordo com a pesquisa do documentário da ZDF,

Karl-Heinz Rummenigge, que dirigiu a associação até 2017, entrou em cena quando o prêmio da Copa do Mundo para o Qatar, decidido em 2010, foi submetido a uma enorme pressão nos anos seguintes. Muitos grandes jogadores do futebol europeu, como a Premier League inglesa, se pronunciaram contra uma Copa do Mundo de inverno no Qatar. Nunca teria sido possível jogar de 40 a 50 graus no verão de qualquer forma.

As regras no Qatar

Em muitos países europeus, o futebol é o esporte nacional número um e, portanto, um tópico emocional para muitas pessoas. Na Copa do Mundo em particular, a nação inteira está geralmente torcendo por seu próprio time, torcendo pelo time e celebrando os jogadores como heróis. Na polêmica Copa do Mundo no Qatar, no entanto, há muito mais a se falar além do esporte.

O emirado enfrenta acusações de várias violações dos direitos humanos e está sendo criticado por isso de muitos lados.

Os trabalhadores convidados perderam suas vidas em canteiros de obras da Copa do Mundo, e os números variam de poucos a milhares. No entanto, ninguém no Qatar quer realmente assumir a responsabilidade pelas mortes.

Para ver por si mesma no terreno, a Ministra do Interior alemã Nancy Faeser esteve no Qatar. Após sua visita, ela tirou uma conclusão positiva.

O primeiro-ministro do Catar havia lhe dado uma garantia de segurança para cada visitante da Copa do Mundo, incluindo os homossexuais. Entretanto, é importante que os torcedores de futebol sigam algumas regras no emirado.

Mostramos as regras mais importantes que você precisa saber sobre o consumo de álcool, código de vestuário, sexualidade e comportamento em geral em público.

Você pode beber álcool no Qatar?
A Fifa negociou com os organizadores do Qatar onde e por quem o álcool pode ser consumido como uma exceção durante a Copa do Mundo. Normalmente, o álcool é absolutamente tabu em todo o país, mas o Qatar baseou sua proibição no Alcorão.

As bebidas alcoólicas não serão servidas nos próprios estádios. Em vez disso, o álcool estará disponível para compra e consumo em certas áreas externas do estádio antes e depois dos jogos. Além disso, haverá uma milha de torcedores onde bebidas alcoólicas serão vendidas a partir das 18h30, disse ele.

Alguns bares ou restaurantes também terão a opção de vender álcool a pessoas que possam provar que têm mais de 21 anos. Para acomodar ventiladores, os navios de cruzeiro estão ancorados no porto de Doha, e bebidas alcoólicas também podem ser servidas a bordo deles.

Apesar destas exceções, no entanto, é importante que todos os visitantes respeitem a cultura local, disseram os organizadores. Aqueles que estão muito bêbados devem esperar ser levados a determinadas áreas para ficarem sóbrios. A urinação pública é punida com multas, disseram eles, e o uso ou o tráfico de drogas enfrentam penas muito mais severas.

Qual é o código de vestimenta no Qatar?
Durante a Copa do Mundo, o Qatar terá temperaturas de verão em torno de 25 graus Celsius e superiores. Entretanto, o vestuário de verão não será a ordem do dia para os fãs no local, o anfitrião deixou isso claro relativamente cedo. A roupa deve cobrir o corpo pelo menos dos ombros até os joelhos, e decotes profundos também não são desejados.

Troncos de banho, biquínis ou mesmo roupas de topless só são permitidos em piscinas ou praias onde isto é explicitamente mencionado.

É permitido beijar em público no Qatar?
Em resumo, qualquer coisa além de dar as mãos, não é bem-vinda em público. O portal de viagens "qatar-travel" aponta isso. Isto inclui beijar, mas também abraçar. Quem age contra isso, deve contar com punições.

O fato de que a prostituição também é proibida e severamente punida não é mais surpreendente.

Que regras se aplicam aos homossexuais no Qatar?
A homossexualidade é ilegal no Qatar. De acordo com o Ministério das Relações Exteriores alemão, os viajantes LGBTQI+ devem estar cientes de que no estado islâmico

"atos homossexuais e relações sexuais não conjugais são proibidos e punidos pela lei penal".

Portanto, mesmo que o Ministro Federal do Interior tenha recebido uma garantia de segurança para todos os fãs de futebol da Copa do Mundo, cada pessoa deve estar ciente de que demonstrar afeição por pessoas do mesmo sexo em público pode resultar em penalidades muito mais drásticas do que para as pessoas heterossexuais. Os atos homossexuais podem ser punidos com até sete anos de prisão, e teoricamente a pena de morte também é possível sob a lei da Sharia, mas não há casos conhecidos em que isto tenha sido aplicado.

Após declarações homofóbicas do embaixador do Qatar na Copa do Mundo Salman, a Associação de Lésbicas e Gays (LSVD), entre outros, expressou preocupação com a segurança das pessoas LGBTQI+. Uma advertência de viagem solicitada para o grupo de pessoas em questão foi agora rejeitada pelo Ministério das Relações Exteriores alemão.

Os casais do mesmo sexo que desejam reservar um quarto de hotel juntos devem, portanto, esperar ser rejeitados. As melhores chances de conseguir um quarto no Qatar para casais homossexuais são com cadeias hoteleiras internacionais. A plataforma de reservas "misterb&b" lista acomodações LGBTQI+ amigáveis em todo o mundo, e os viajantes também podem encontrar hotéis para o Qatar através dela.

São permitidas declarações ou críticas políticas no Qatar?

Essa crítica ao Qatar não é bem-vinda no emirado se tornou relativamente clara nas últimas semanas. Uma e outra vez, os organizadores da Copa do Mundo, assim como os políticos do país, reclamaram sobre como outros países os julgariam. Por esta razão, os torcedores de futebol locais devem se conter em declarações ou críticas políticas.